2. AOUT 1823

CATALOGUE D'ESTAMPES

DE GRAVEURS CÉLÈBRES,

ET D'OBJETS CURIEUX,

QUI COMPOSAIENT LE CABINET

De Feu M.r DESPEREUX,

ANCIEN DIRECTEUR DES FERMES.

Par F.-L. REGNAULT-DELALANDE.

Cette Vente se fera dans l'Appartement de feu M. Despereux, rue Saint-Honoré, n.° 319, les Mardi 12 et Mercredi 13 Août,

HEURE DE MIDI.

On verra les Articles qui composent cette Collection, dans le local susdit, les Dimanche 10 et Lundi 11, de midi à trois heures.

Le présent Catalogue se distribue à PARIS,

Chez MM.
{ PETIT, Commissaire-Priseur, rue de Grammont, n.° 23;
REGNAULT-DELALANDE, Peintre et Graveur, cul-de-sac des Feuillantines-St.-Jacques, n.° 12.

DE L'IMPRIMERIE DE LEBLANC.

1823.

ABRÉVIATIONS.

Arm.......	Armes.	L........	Largeur.
Bord......	Bordure.	l........	Ligne.
Collect....	Collection.	Morc.	Morceau.
Compos....	Composition.	M. R. et L...	MuséesRobillard et Laurent.
D'apr.....	D'après.		
Epr.......	Epreuve.	M. L......	Musée Laurent.
Est.......	Estampe.	P........	Pièce ou Pouce.
Gal. de F...	Galerie de Florence.	Pl.......	Planche.
		Publ......	Publié ou publication.
Gal. du P. R.	Galerie du Palais-Royal.	Tabl.....	Tableau.
H........	Hauteur.	Tit......	Titre.

ORDRE DE LA VENTE.

Première Vacation, *du Mardi 12 Août 1823.*

Estampes, N.ᵒˢ 1, 2, 3, 4, 5, 6, 10, 12, 13, 1¼, 15, 19, 22, 2¼, 26, 29, 30, 32, 33, 3¼, 38, 40, 4¼, 49, 50, 51, 53, 5¼, 55, 57, 61, 62, 65, 66, 68, 69 partie.

Curiosités, N.ᵒˢ 70, 71, 72, 73, 7¼, 75, 76, 77, 78, 79, 80 et 88 partie.

Deuxième Vacation, *du Mercredi 13 Août.*

Estampes, N.ᵒˢ 7, 8, 9, 11, 16, 17, 18, 20, 21, 23, 25, 27, 28, 31, 35, 36, 37, 39, 41, 42, 43, 45, 46, 47, 48, 52, 56, 58, 59, 60, 63, 6¼, 67, 69 partie restante.

Bijoux, N.ᵒˢ 81, 82, 83, 8¼, 85, 86, 87 et 88 partie restante.

AVERTISSEMENT.

Nous ne ferons pas l'éloge des Chefs-d'Œuvre de Gravure, dont la Collection formée par M.' Despereux est enrichie : les Expositions qui précéderont la Vente mettront les Amateurs et les Curieux à portée d'en apprécier le mérite; il suffira, nous le croyons, pour donner une idée de ce Cabinet, d'indiquer ici, au nombre des Morceaux capitaux qui en font le principal ornement, les Pièces suivantes, Pièces dont toutes les Épreuves sont avant la lettre, savoir : par BARTOLOZZI, Clytie, et le Massacre des Innocens ; — par PORPORATI, la Vierge appelée la *Zingarina*, Vénus qui caresse l'Amour, et Suzanne au bain ; — par *Raph.* MORGHEN, la Cène, le Char de l'Aurore, la Magdeleine, Angélique et Médor, le Repos en Égypte, et l'Image de la Vie humaine ou *les Heures*; — par LONGHI, la Magdeleine ; — par *Ger.* EDELINCK, le Combat des quatre Cavaliers, et la Magdeleine; — par *J.-Gott.* MULLER, la Vierge à la Chaise ; — par *Fréd.* MULLER, la *Madona di S. Sisto*, et Saint Jean l'Évangéliste (1808);—par *W.* WOOLLETT, le Combat de la Hogue, la Mort du Général Wolfe, la Maison de campagne de Cicéron, la Solitude, Jacob et Laban, et les Edifices romains; — par *J.* BROWNE, Apollon et la Sibylle; — par *Rob.* STRANGE, Cléopâtre, Charles I.ᵉʳ, et Henriette-Marie, son épouse;—par *Dan.* LERPINIÈRE, le Veau d'or; — par *J.* HALL, Alfred et le Comte d'Albanac, et Cromwell; — par *Wil.* SHARP, les Pères de l'Eglise, Alfred et le Pélerin, et Charles II (*la Restauration*); — par *Sam.* SMITH, Moïse sauvé des eaux;—par *P.-Imb.* DREVET, Adrienne le Couvreur ; — par *Fr.* VIVARÈS, la Tour enchantée ; — par BERVIC, Laocoon, l'Enlèvement de Déjanire, l'Education d'Achille, le Repos, et Louis XVI, Portrait en pied ; — par M.ʳ DESNOYERS, la Vierge dite la belle Jardinière (avant la déd. à M.ʳ Denon), la Vierge à la Chaise, la Vierge au Rocher, et Bélisaire ; — par M.ʳ *Urb.* MASSARD, Sainte Cécile, et Homère ; — et par M.ʳ TARDIEU, Henri IV, Portrait en pied.

On trouve au nombre des Épreuves avec remarques, par *Ger.* EDELINCK, la Sainte-Famille, avant les Armes de Colbert ; — par *P.* DREVET *père*, Louis-le-Grand, Portrait en pied : toute première Épreuve tirée avant les changemens et des travaux faits depuis à la planche ; — par *P.-Imb.* DREVET *fils*, Bossuet, Portrait en pied, Épr. dite *au fauteuil blanc* ; — par BALECHOU, Sainte Geneviève, avant les tailles sur le Titre.

Ces Estampes sont la plupart richement encadrées, d'un choix et d'une pureté d'épreuve difficiles à rencontrer.

Dans la description des Sujets, la droite ou la gauche est indiquée, eu égard à la personne qui regarde.

Les Estampes sont mesurées du trait carré ou de la bordure gravée qui entoure la Composition.

On remarque dans les Objets curieux, deux Transparens par CARMONTEL, Sujets coloriés, dits *Tableau de Jour*, et *Tableau de Nuit*; des Boîtes enrichies de Médaillons peints par *J.-J.* DE GAULT et par M.ʳ PARANT; un Baromètre et un Thermomètre par LEREBOURS; une Montre, mouvement de LEPAUTE, et un Étui de Mathématiques, par CANIVET.

CATALOGUE.

ESTAMPES.

AUDOUIN (Par Pierre), *de Paris.*

12 of · 1 La Charité, d'apr. le Tabl. peint en 1518 par André del Sarto : Tabl. du Musée Royal: r. gravée en 1813. h. 12 p. 6 l., l. 9 p. 3 l. (m. l.)
Epr. avant toutes lettres.

31 · 2 Louis dix-huit, Roi de France et de Navarre, représenté debout, revêtu du manteau et des autres marques de la dignité royale, d'apr. le Tabl. peint par M.' A.-J. Gros, en 1815 ; gravé en 1818. h. 29 p. 5 l., l. 19 p. 5 l.
Epr. avant la lettre. (Cette Estampe est en feuille.)

16 of · 3 Louis XVIII, Son A. R. Madame, et N........: Portraits en demi-figures dans des ovales; les deux premiers sur les Dessins de M.' P. Bouillon : l'un d'apr. le buste fait par M.' A. Valois, l'autre d'apr. le Tabl. de M.' F. Dumont; le 3.' Portrait d'apr. M.' Vauthier. Les angles des ovales et le tour des tables où sont inscrits les noms des personnages, sont teintés à une seule taille. r. avec arm. h. 13 p. 1 l., l. 9 p. 3 l.
Epr. avant la lettre. (Pièces en feuilles.)

BALECHOU (Par Jean-Joseph), *d'Arles en Provence.*

60 · 4 Sainte Geneviève, patrone de Paris, d'apr. C. Vanloo:
30 · r. avec arm. h. 17 p. 6 l., l. 12 p. 1 l.
Epr. avec le collier blanc, avant l'augmentation faite au bas du jupon de la Sainte, et avant les tailles sur le Tit. et sur la Déd. au Roy.

BARTOLOZZI (Par FRANCESCO), *de Florence.*

5 Clytie représentée châtiant Cupidon en le déchirant avec des épines, d'apr. le Tabl. d'Ann. Caracci, de la Collect. de John Strange : Sujet composé dans un rond ; les angles du rond teintés à une seule taille. P. avec arm. publ. en 1772. H. 15 p. 8 l., L. 16 p.

Epr. avant la lettre ; les noms d'Auteurs, la publ. et vol. 11, *n.°* 64 (*Vol. et n.° du Recueil de Boydell*) *tracés à la pointe.*

6 Le Massacre des Innocens, d'apr. le Tabl. de Guido Reni à la chapelle Ghisilieri, dans l'église Saint-Dominique à Bologne. H. 13 p. 6 l., L. 9 p. (N. R. et L.)

Epr. avant la lettre, où, dans la marge, se trouve l'inscription suivante, tracée en très-petits caractères: GRAVÉ A LISBONNE, PAR FRANÇOIS BARTOLOZZI, A L'AGE DE QUATRE-VINGT-DEUX ANS. 1807.

BERVIC (Par CHARLES-CLÉMENT), *de Paris.*

7 Laocoon, fils de Priam et prêtre d'Apollon, et ses deux Enfans, enveloppés par deux énormes serpens, d'apr. le groupe antique d'Agesandro, Polydore et Athénodore, trouvé à Rome, en 1506, dans les ruines du Palais de Titus, sur le mont Esquilin. H. 12 p. 8 l., L. 10 p. (N. R. et L.)

Epr. avant la lettre ; seulement dans le milieu de de la marge, BERVIC, *tracé à la pointe.*

8 Saint Jean au désert, d'apr. le Tabl. de Raphaël à la Galerie de Florence. H. 8 p. 6 l., L. 7 p. P. gravée en 1791, sur le Dessin de M.ʳ J.-B. Wicar. (Gal. du P. R.)

Epr. avant la lettre ; seulement les noms d'Auteurs tracés à la pointe.

Estampes.

Suite des Morceaux de Charles-Clément BERVIC.

300   9 L'Enlèvement de Déjanire, d'apr. le Tabl. de Guido Reni au Musée Royal : r. gravée en 1801 ; — L'Education d'Achille, d'apr. le Tabl. de M.˙ J.-B. Regnault, Tabl. actuellement à la Galerie du Palais de la Chambre des Pairs : r. gravée en 1796. h. 16 p. 11 l., l. 13 p. 4 l.

Epr. avant la lettre, mais avec les noms d'Auteurs et la publ.; à la 1.ʳᵉ l'adresse du Graveur.

32   10 Le Repos, d'apr. le Tabl. de N.-B. Lépicié; r. avec arm. h. 12 p. 4 l., l. 10 p. 5 l.

Epr. avant la lettre; seulement les noms d'Auteurs.

200   11 Louis XVI représenté debout, revêtu du manteau et des autres marques de la dignité royale, d'apr. le Tabl. peint par M.˙ Ant.-Fr. Callet, r. gravée en 1790. h. 25 p. 4 l., l. 19 p. 1 l.

Epr. avant la lettre; seulement les noms d'Auteurs et l'adresse du Graveur.

30   12 L'Innocence, d'apr. le Tabl. de M.˙ J.-F.-L. Merimée. h. 16 p. 11 l., l. 13 p. 4 l. (r. gravée pour la Société des Amis des Arts).

Epr. avant la lettre; seulement les noms d'Auteurs et la public.; au milieu de la marge, un médaillon où est représenté C. De Wailly, fondateur de la Société des Amis des Arts, en 1789.

BETTELINI (Par Pierre), *des environs de Lugano.*

11   13 Sainte Martine, d'apr. le Tabl. de Pietro Berettini, de Cortone, au Musée Royal. h. 11 p. 11 l., l. 8 p. 4 l. (h. n. et l.).

Epr. avant toutes lettres.

BLOT. (Par Maurice), *de Paris.*

25 05   14 La Vierge aux Candelabres, d'apr. le Tabl. de Raphaël,

Suite des Morceaux de Maurice BLOT.

Sujet composé dans un rond : les angles du rond et la table saillante où le Tit. est inscrit sont teintés à une seule taille. ʜ. 11 p. 10 l., ʟ. 8 p. 6 l.

Epr. avant la lettre; le Tit. en lettres grises.

15 Jupiter enlève Io, Jupiter sous la forme de Diane séduit Calisto, d'apr. M.ʳ J.-B. Regnault. ʜ. 10 p. 2 l., ʟ. 8 p. 2 l.

BROWNE (Par JOHN), *d'Oxford*.

16 Apollon et la Sibylle (*Apollo and the Sybyl*), d'apr. le Tabl. de Salvator Rosa, de la collection d'Ashburnham, gravé sur le Dessin de Geor. Robertson. ᴇ. avec arm. publ. en 1781. ʜ. 18 p. 11 l., ʟ. 28 p. 11 l.

Epr. avant la lettre ; seulement les noms d'Auteurs et la publ. tracés à la pointe.

DESNOYERS (Par M.ʳ AUG.-GASP. L. BOUCHER), *de Paris*.

17 La Vierge aux Rochers, d'apr. le Tabl. de Leonardo da Vinci, au Musée Royal; Compos. cintrée du haut, les angles du cintre teintés à une seule taille; ᴇ. avec arm. ʜ. 16 p. 6 l., ʟ. 11 p. 1 l.

Epr. avant la lettre ; les noms d'Auteurs, le Tit. et la déd. (au duc de Bassano) tracés à la pointe.

18 La Vierge dite la Belle Jardinière, d'apr. le Tabl. de Raphaël, au Musée Royal; Compos. cintrée du haut, les angles du cintre teintés à une seule taille; ᴇ. gravée en l'an 11 (1802). ʜ. 16 p. 2 l., ʟ. 11 p. 3 l.

Epr. avant toutes lettres ; seulement le nom du graveur.

19 La Vierge à la Chaise, d'apr. le Tabl. de Raphaël,

Suite des Morceaux de M. Aug.-Gasp. Bouc DESNOYERS.

au Palais Pitti à Florence, Sujet composé dans un rond, les angles du rond et la table saillante où le Tit. est inscrit sont teintés à une seule taille. H. 11 p. 10 l., L. 8 p. 6 l.

Epr. avant la lettre ; le Tit. en lettres grises.

20 Bélisaire, d'apr. M.' F. Gérard ; P. gravée en 1806. H. 18 p. 3 l., L. 14 p. 1 l.

Epr. avant la lettre; les noms d'Auteurs et la déd. (à M.gr Ch.-Maur. Talleyrand), tracés à la pointe.

DREVET père (Par PIERRE), de Lyon.

21 Louis-le-Grand, représenté debout, revêtu du manteau et des autres marques de la dignité royale, d'apr. le Tabl. peint par Hyac. Rigaud en 1701, Tabl. qui orne le Musée royal : cette P., gravée en 1712 par Drevet père, est regardée comme l'ouvrage le plus considérable que ce maître ait exécuté. H. 25 p. 6 l., L. 19 p.

Toute prem. Epr., avec la boucle supprimée depuis à la perruque de ce Prince, boucle qui alors touche à l'extrémité du sourcil de l'œil gauche, avant l'augmentation faite au mollet de la jambe droite, pour rendre cette jambe moins grêle ; avant les contretailles au bas de la première des deux colonnes et du piédestal à la droite du Roi, et avant d'autres travaux faits depuis pour donner plus d'harmonie à la Pl.

DREVET fils (Par PIERRE-IMBERT), de Paris.

22 La Sainte-Vierge présentant au Temple l'Enfant-Jésus, que le vieillard Siméon reçoit entre ses bras en bénissant le Seigneur; d'apr. le Tabl. de L. Boul-

Suite des Morceaux de Pierre-Imbert DREVET fils.

longue, qui orne le chœur de l'église de Notre-Dame à Paris, r. avec arm. u. 18 p. 4 l., l. 24 p. 4 l.

Ancienne Epr.

23 Jac.-Ben. Bossuet, Evêque de Meaux, revêtu du grand habit de Docteur. Ce Prélat, représenté en pied, debout dans son cabinet, tient d'une main son bonnet carré, de l'autre un livre posé sur un bureau; derrière lui, à droite de la composition, un grand fauteuil; à gauche, sur un papier qui sert de marque à un des volumes groupés sur les carreaux de marbre du plancher, au pied du bureau, les mots, *gravé par P. Drevet, f. s.* écrits en trois lignes. Chef-d'œuvre de gravure exécuté par Drevet fils, à l'âge de 26 ans, en 1723, d'apr. le Tabl. que Rigaud avait commencé en 1699, et terminé en 1715; Tabl. qu'on voit actuellement au Musée Royal. u. 17 p. 7 l. l. 12 p. 4 l. r. avec arm. et quatre lignes de Tit. JACOBUS BENIGNUS..... *ex fratre nepos.*

Première et très-rare Epr., avec deux fautes dans le Titre; l'une, à gauche, dans la 2.ᵉ ligne, le mot CONSTORIANUS *au-lieu de* CONSISTORIANUS; *l'autre, dans la 4.ᵉ ligne, celui de* TRECENSES *au-lieu de* TRECENSIS; *avant aucun point après le mot* PINXIT *placé à la suite du nom de Rigaud, et avant l'entretaille et la 3.ᵉ taille continuée au haut du grand fauteuil; pièce dite ainsi :* ÉPREUVE AU FAUTEUIL BLANC.

24 Adrienne Le Couvreur, dans le rôle de Cornélie. Cette Actrice célèbre, représentée à mi-corps, les yeux en pleurs et élevés au ciel, porte de ses deux mains l'urne qui contient les cendres de Pompée, d'apr. le Tabl. de Ch. Coypel : portrait dans un ovale

Estampes.

posé sur un piédestal ; un mur est figuré autour de l'ovale et du piédestal. h. 15 p., l. 10 p. 6 l.

Première Epr. avant toutes lettres (*).

EDELINCK (Par Gérard), *d'Anvers.*

25 Quatre Cavaliers combattant pour se rendre maîtres d'un Etendard, d'apr. un Carton de Léonardo da Vinci ; à terre à gauche, L. *d'la finse, pin*; à droite, G. *Edelinck sc.* h. 16 p. 9 l., l. 22 p. 9 l. Morc. connu sous le Tit. des *Quatre Cavaliers.*

Première et rare Epr. avant L. d'la finse pix, G. Edelinck sc., *r. dite ainsi Epr. avant la lettre.*

26 La Sainte Famille de Jésus-Christ, d'apr. le Tabl. de Raphaël au Musée Royal : h. 14 p. 11 l., l. 11 p.

Epr. avant les Armes de Colbert, au milieu du devant, sur les carreaux de marbre du plancher.

27 La Magdeleine repentante, se dépouillant de ses riches vêtemens et renonçant aux vanités du siècle ; d'apr. le Tabl. de Ch. Le Brun, actuellement au Musée Royal; Tabl. qui était précédemment placé dans la 4.e chapelle de l'Eglise des religieuses car-

---

(*) Aux Epr. avec la lettre, au haut de l'ovale : ADRIENNE LE COUVREUR ; au bas : *Morte à Paris le 20e Mars 1730, âgée de trente-sept ans ;* sur la table renfoncée, au piédestal, les vers suivans :

C'est peu de voir Icy, pour attendrir vos cœurs,
Les cendres de Pompée et Cornélie en pleurs
Reconnoissés, pleurés cette actrice admirable,
Qui n'eut point de modèle et fut inimitable.

Et au socle, à gauche : *Peint par Ch. Coypel*; à droite : *Gravé par P. Drevet.*

Aux premières Épr. avec la lettre, le mot *model* pour *modèle.*

mélites, rue Saint-Jacques (*. **h.** 18 p. 10 l., **l.** 14 p. 10 l.

Epr. avant la lettre, et avant la bord. gravée autour de la composition; seulement dans la marge à gauche, C. Le Brun Pinxit; *à droite*, G. Edelinck Scul. cum pr. Regis. *Cette Epr. est marquée du chiffre de Bourduge, chiffre formé des lettres* AB.

HALL (Par John), *d'Angleterre*.

28 Destruction du Long Parlement par Olivier Cromwel (*Olivier Cromwell dissolving the Long Parliament*) : **r.** gravée par *John Hall.* — Le Roi Charles II abordant sur le rivage à Douvres (*King Charles the 2.e landing on the beach at Dover*) : **r.** gravée par *Wil. Sharp*; ces deux Estampes, d'apr. les Tabl. de B. West, de la collect. d'Edw. Grosvenor. **h.** 16 p., **l.** 22 p. 1 l.; More. publ. en 1789.

Epr. avant la lettre : les Tit. Cromwell, Restauration, *les noms d'Auteurs et les publ. tracés à la pointe.*

INGOUF *le jeune* (Par François-Robert), *de Paris*.

29 Le Silence de la Sainte-Vierge, d'apr. le Tabl. de Raphaël au Musée Royal. **h.** 13 p., **l.** 8 p. 11 l. (**h. l.**); **r.** gravée en 1805.

Epr. avant la lettre.

30 Canadiens au Tombeau de leur Enfant, d'après le Tabl. peint par Mr J.-Jac.-Fr. Le Barbier en 1781 : **h.** 17 p 2 l., **l.** 13 p. 5 l. **r.** gravée en 1786.

Epr. avant la lettre; les noms d'Auteurs tracés à la pointe.

(*) Desallier d'Argenville, dans le Voyage Pittoresque de Paris, édit. de 1778, en parlant de ce tableau, dit que la duchesse de La Vallière y est peinte sous la figure de la Magdeleine.

Estampes.

LERPINIÈRE (Par Daniel), *d'Angleterre.*

31 Le Veau d'or (*the Molten Calf*), d'apr. le Tabl. de Claude Le Lorrain, de la Collect. de Welbore Ellis; gravé sur le Dessin de Geor. Robertson. p. avec arm., publ. en 1781. н. 18 p. 10 l., l. 28 p. 2 l.

Epr. avant la lettre; seulement les noms d'Auteurs et la publ. tracés à la pointe.

LIGNON (Par M. Fatoino), *de Paris.*

32 La Magdeleine; elle est vue à mi-corps : d'apr. le Tabl. du Guide au Musée Royal. p. gravée en 1818. н. 12 p. 4 l., l. 10 p. 2 l.

Epr. avant la lettre. 2 Epr. de cette Estampe.

LONGHI (Par Giuseppe), *de Milan.*

33 La Magdeleine du Corrège (*la Maddalena del Corregio*), d'apr. le Tabl. du Corrège, à la Galerie de Dresde. н. 10 p. 9 l., l. 14 p. 3 l.

Epr. avant la lettre; seulement les noms d'Auteurs tracés à la pointe.

MASSARD (Par M.ʳ J.-Baptiste-Raph.-Urbain), *de Paris.*

34 Sainte Cécile, d'apr. le Tabl. de Raphaël, à l'église de Saint-Jean *del Monte*, à Bologne. p. avec arm. н. 19 p. 2 l., l. 12 p. 2 l.

Epr. avant la lettre et avant les armes; seulement les noms d'Auteurs.

35 Homère, d'apr. le Tabl. de M.ʳ F. Gérard. н. 18 p. 2 l., l. 14 p. 1 l. Morc. gravé en 1816.

Epr. avant la lettre; les noms d'Auteurs et la déd. (à Enni. Quiri. Visconti) tracés à la pointe.

MICHEL (Par Jean-Baptiste), de Paris.

36 Alfred III, Roi de Mercie, chez Guillaume d'Albanac, qui lui présente ses trois filles (*Alfred the third King of Mercia visiting William d'Albanac*) p. gravée par *J.-B.* Michel. — Alfred-le-Grand partageant son pain avec le Pélerin (*Alfred the Great dividing his Loaf with the Pilgrim*) : p. gravée par *Willm* Sharp; ces deux Estampes d'apr. les Tabl. de B. West : l'un de ces Tabl. fait partie de la Collect. Rutland; l'autre est à Londres, dans la grande salle des Papetiers : Morc. avec arm. publ. en 1782. h. 16 p. 1 l., l. 22 p. 2 l.

Epr. avant la lettre; les Tit. en lettres grises, les noms d'Auteurs et les publ. tracés à la pointe.

MORGHEN (Par Raphaël), de Naples.

37 La Cène, d'apr. la Compos. peinte dans le réfectoire des Dominicains à Milan, par Leonardo da Vinci; gravée sur le Dessin de Teod. Matteni : p. avec arm. h. 16 p. 1 l., l. 33 p. 3 l. Morc. publ. par N. de Antonj.

Epr. avant la lettre; la déd. (à Ferdinand III, Grand-Duc d'Étrurie) et le nom de l'Édit. tracés à la pointe.

38 La Charité allaitant un enfant : deux autres sont dans ses bras; d'apr. le Tabl. d'Ant. Allegri, Vulgo Coreggio : p. gravée à Florence en 1795. h. 14 p. 2 l., l. 19 p. 9 l.

Epr. avant la lettre; seulement les noms d'Auteurs.

39 Le Soleil sous la figure d'Apollon assis sur son char traîné par quatre chevaux de front; les Heures l'accompagnent et dansent autour du char, que précède l'Amour tenant son flambeau, et l'Aurore qui sème

Estampes.

Suite des Morceaux de Raphaël MORGHEN.

des fleurs, d'apr. la Fresque de Guido Reni, au plafond du salon de l'Aurore, au Palais Rospigliosi à Rome, sur le Dessin d'Ant. Cavallucci. H. 16 p. 5 l., L. 33 p. 10 l.; e. nommée *le Char de l'Aurore*, Morc. gravé à Rome.

Epr. avant la lettre; seulement les noms d'Auteurs.

40 La Sainte Vierge vue à mi-corps: elle tient dans ses bras l'Enfant-Jésus endormi, d'apr. Titianus : H. 9 p. 8 l., L. 13 p. 3 l.; Tit. *Parce summum rumpere*. e. publ. à Londres en 1814.

41 La Magdeleine en prière, d'apr. B.-S. Murillo, e. gravée à Florence, sur le dessin de Steph. Tofanelli. H. 14 p., L. 10 p. 6 l.

Epr. avant la lettre; seulement les noms d'Auteurs.

42 Angélique et Médor, d'apr. Thed. Matteini, Sujet composé dans un ovale; les angles de l'ovale teintés à une seule taille; e. gravée à Rome. H. 15 p. L. 13 p.

Epr. avant la lettre; seulement les noms d'Auteurs.

43 Le Repos en Egypte: la Sainte Vierge et Saint Joseph y sont assis à l'ombre d'une muraille; deux Anges présentent à boire et un rayon de miel à l'Enfant-Jésus assis sur les genoux de la Vierge; — L'Image de la vie humaine, représentée d'une manière allégorique : quatre femmes, qui désignent le Plaisir, la Richesse, la Pauvreté et le Travail, ou les différens états de la vie humaine : elles se donnent mutuellement la main, et dansent en rond au son d'une lyre touchée par le Temps; le terme de Janus est le symbole du passé et de l'avenir; les deux Enfans qui se jouent, l'un avec des bulles de savon, l'autre avec une horloge de sable, marquent l'inconstance et le peu de durée

de la vie humaine; ces deux Est. d'apr. des Tabl. du Poussin, qui se voyaient au Palais Rospigliosi à Rome; gravées sur les Dessins de Steph. Tofanelli : r. avec arm. h. 17 p., l. 21 p. 7 l.; le second Sujet est connu sous le double Titre des *Saisons* et des *Heures*.

Epr. avant la lettre; les noms d'Auteurs et les déd. (à Ferdinand III, Grand-Duc d'Étrurie) tracés à la pointe. Morc. sous glace.

MULLER (Par Jean-Gottard V.), *de Berhausen.*

44 La Vierge à la Chaise, d'apr. le Tabl. de Raphaël, au Palais Pitti à Florence, Morc. gravé à Stutgard, sur le dessin de M.ʳ Dutertre; Sujet composé dans un rond; les angles du rond sont teintés à une seule taille. h. 9 p. 6 l., l. 9 p. 7 l. (m. a. et l.)

Epr. avant toutes lettres.

MULLER (Par Frédéric), *de Stutgard.*

45 *La Madonna di S. Sisto di Rafaele*, gravée sur le dessin fait par M.ᵐᵉ Seidelmann, d'apr. le Tabl. de la Galerie Royale de Dresde; r. avec arm. h. 24 p. 3 l., l. 18 p. 5 l.

Epr. avant la lettre; les noms d'Auteurs et le Tit. tracés à la pointe.

46 Saint Jean l'Evangéliste, vu en demi-corps, dessiné et gravé en 1808, d'apr. le Tabl. de Dominichino. h. 12 p. 6 l., l. 10 p. 2 l.

Epr. avant la lettre; les noms d'Auteurs et les cinq lignes, déd., vers et autres inscript., tracés à la pointe.

PORPORATI (Par Carlo), *de Turin.*

47 La Sainte-Vierge, assise à terre au pied d'un palmier, tient sur ses genoux l'Enfant-Jésus endormi,

Estampes. 17

Suite des Morceaux de Carlo PORPORATI.

un lapin est à sa droite : gravée d'apr. le Tabl. d'Ant. Allegri, dit Le Corréggio, de la Galerie de Parme : P. avec arm.; H. 17 p. 5 l., L. 14 p. 2 l. Morc. connu sous le double Tit. de *la Zingarina* et de *la Vierge au Lapin.*

Epr. avant toutes lettres.

48 Le Bain de Léda (*Il Bagno di Leda*), d'apr. Allegri, dit le Corregio : P. avec arm. H. 18 p. 6 l., L. 14 p.

Epr. avant la lettre ; les noms d'Auteurs tracés à la pointe.

49 Vénus qui caresse l'Amour, d'apr. Battoni : P. avec arm.; H. 18 p. 4 l., L. 13 p. 11 l.

Epr. avant la lettre ; seulement le nom du Graveur tracé à la pointe.

50 La Mort d'Abel, d'apr. Adr. V.r Werf. — Agar renvoyée par Abraham, d'apr. le Tabl. de Ph. Van Dyck, au Musée Royal : P. avec arm. H. 18 p. 6 l., L. 15 p.

Epr. avant la lettre ; seulement le nom du Graveur.

51 Garde-à-Vous! d'apr. Angel. Kauffman. Sujet composé dans un ovale, les angles de l'ovale teintés à une seule taille : P. avec arm. H. 14 p. 5 l., L. 11 p. 9 l.

Epr. avant la Déd.; le Tit., les noms d'Auteurs et l'adresse des Edit. gravés au burin. P. *dite ainsi : Epr. avant la lettre.*

52 Susanne au bain, d'apr. le Tabl. peint par J.-B. Santerre, pour sa réception à l'Académie Royale, Tabl. qui est actuellement au Musée Royal. H. 17 p. 4 l., L. 13 p. 5 l. (Morc. de réception du graveur à l'Académie).

Epr. avant la lettre ; seulement les noms d'Auteurs.

53 Le Coucher, d'apr. le Tabl. peint par J. Vanloo;

Estampes.

Suite des Morceaux de Carlo PORPORATI.

Tabl. qui est actuellement à Paris, dans la collect. de M.ʳ Giraud, statuaire. H. 17 p. 7 l., L. 13 p. 7 l.

Epr. avant toutes lettres.

SCHENKER (Par M.ʳ N), de......

54 La Vierge au Donataire, dite la Madonne de Foligno, d'apr. le Tabl. de Raphaël d'Urbin ; compos. cintrée du haut, les angles du cintre teintés à une seule taille : P. avec arm. H. 22 p. 11 l., L. 15 p.

Epr. avec la lettre grise.

SHARP (Par WILLIAM), *de Londres.*

55 Les Pères de l'Église consultant sur l'Immaculée Conception de la Vierge (*the Doctors of the Church...*), d'ap. le Tabl. de Guido Reni, de la collect. Houghton : P. avec arm. H. 21 p. 7 l., L. 11 p. 7 l. Morc. publ. en 1785.

Epr. avant la lettre ; les noms d'Auteurs et la publ. tracés à la pointe.

NOTA. Alfred et le Pélerin, et la Restauration : voir le n.° 36, art. de J.-B. *Michel*, et le n.° 28, art. de J. *Hall.*

SMITH (Par SAMUEL), *d'Angleterre.*

56 Moïse trouvé (*The Finding of Moses*), d'apr. le Tabl. de Zuccarelli, de la Collect. du Roi d'Angleterre, à Hamptoncourt ; gravé sur le Dessin de G. Robertson : P. avec arm., publ. en 1788. H. 18 p. 11 l., L. 28 p. 1 l.

Epr. avant la lettre ; les noms d'Auteurs et la publ. tracés à la pointe.

STRANGE (Par ROBERT), *de Pomona, l'une des Îles Orcades.*

57 Sainte Cécile, l'Apôtre saint Paul, la Magdeleine, saint Jean l'Évangéliste et saint Augustin, d'apr. le

Estampes.

Suite des Morceaux de Robert STRANGE.

Tabl. de Raffaello, dans l'Eglise de Saint-Jean *del Monte*, à Bologne; — la Sainte-Vierge, l'Enfant-Jésus, la Magdeleine et saint Jérôme, d'apr. le Tabl. de Correggio, à l'Académie de Parme : P. gravées en 1777; H. 17 p. 4 l., L. 13 p. La seconde de ces Estampes connue sous le Tit. de *Saint Jérôme du Corrège*.

58 Cléopâtre représentée nue et debout, se faisant piquer le sein par un aspic; d'apr. le Tabl. de Guido Reni, de la Collect. Montribloud : P. gravée en 1777. H. 16 p. 10 l., L. 12 p. 2 l.
Epr. avant toutes lettres (marge rapportée).

59 Charles I.er, Roi de la Grande-Bretagne (*Carolo 1.mus, Magnæ Britanniæ Regi, etc.*). Ce Prince, représenté debout près de son cheval, est accompagné d'un Ecuyer et d'un Page : gravé en 1782, d'apr. le Tabl. qui est actuellement au Musée Royal. — Henriette-Marie, Reine de la Grande-Bretagne (*Henrietta-Maria, Magnæ Britanniæ Regina*). Cette Princesse, accompagnée de ses Enfans, Charles, Prince de Galles, et Jacques, Duc d'York, est assise et tient sur ses genoux le plus jeune de ces deux Princes : gravé à Londres en 1784 : ces deux Estampes d'apr. Ant. Van Dyck. H. 21 p. 6 l., L. 16 p. 10 l.
Epr. avant toutes lettres.

TARDIEU (Par M.r PIERRE-ALEXANDRE), *de Paris.*

60 Henri IV, Portrait en pied, gravé en 1788, d'apr. le Tabl. peint par Pourbus en 1610 : P. avec arm. H. 7 p. 4 l., L. 5 p. 6 l. (GAL. *du* R. R.).
Epr. avant la lettre, mais avec les armes et les noms d'Auteurs.

VIVARÈS (Par François), de Lodève, près de Montpellier.

61 Le Château enchanté (*The Enchanted Castle*), d'après le Tabl. de Claudio-Gillée Larense (pour Lorrain), de la Collect. de Nath. Chauncy; gravé par Fr. Vivarès and Wm Woollett, en 1780. h. 15 p. 9 l., l. 21 p. 2 l. p. publ. en 1782. Morc. connu sous le Tit. de *La Tour enchantée*.

   Epr. avant la lettre ; seulement F. Vivarès sculp. 1780, tracé à la pointe.

VOLPATO (Par Giovanni), de Bassano.

62 L'Aurore sur son Char, répandant des fleurs, d'apr. la Fresque de Fr. Barbieri, à la voûte de la première salle du rez-de-chaussée de la *Villa Ludovisi*, à Rome; gravé à Rome, sur le Dessin de Steph. Tofanelli. h. 16 p. 5 l., l. 33 p. 10 l. p. dite *le Char de la Nuit*.

   Epr. avant la lettre ; les noms d'Auteurs et les quatre vers Rore madens..... tracés à la pointe.

WOOLLETT (Par William), de Maidstone.

63 La Bataille de la Hogue (*The Battle at la Hogue*), d'apr. le Tabl. de B. West, de la collect. Grosvenor; p. avec arm., publ. en 1781. h. 16 p. 1 l., l. 22 p. 11 l.

   Epr. avant la lettre ; seulement le Tit. The Battle at la Hogue, et les noms d'Auteurs gravés au burin. Morc. sous glace.

64 La Mort du Général Wolfe (*The Death of General Wolfe*), d'apr. le Tabl. de B. West, de la collect. Grosvenor; p. avec arm., publ. en 1776. h. 15 p. 11 l., l. 21 p. 11 l.

   Epr. avant la lettre et avant les armes; seulement

Estampes.

Suite des Morceaux de William *WOOLLETT.*

le Tit. THE DEATH OF GENERAL WOLFE, *les noms d'Auteurs et la publ. tracés à la pointe.* Morc. sous glace.

65 Cicéron à sa Maison de campagne (*Cicero at his Villa*), d'apr. le Tabl. de R. Wilson, de la collect. de J. Smith; P. avec arm., publ. en 1778. H. 14 p. 6 l., L. 19 p. 6 l.

Epr. avant la lettre; seulement le Tit. CICERO AT HIS VILLA, *et les noms d'Auteurs tracés à la pointe.*

66 La Solitude (*Solitude*), d'apr. le Tabl. de R. Wilson, de la collect. Beaumont, par WOOLLETT et ELLIS; P. avec arm., publ. en 1778. H. 14 p. 4 l., L. 19 p. 8 l.

Epr. avant la lettre; seulement le Tit. SOLITUDE *et les noms d'Auteurs tracés à la pointe.*

67 Jacob et Laban (*Jacob and Laban*), d'apr. le Tabl. de Claude le Lorrain, de la collect. d'Egremont, gravé sur le dessin de Jos. Farington; P. avec arm., publ. en 1783. H. 19 p. 11 l., L. 28 p. 1 l. Un pont de sept arches qu'on voit vers la droite de la Compos. a fait donner à cette Estampe le Tit. du *Grand Pont.*

Epr. avant la lettre; les noms d'Auteurs et la publ. tracés à la pointe.

68 Edifices romains en ruines (*Roman Edifices in ruins*), ou le Soir de l'Empire, d'apr. le Tabl. de Claude Lorrain, de la collect. Radnor; P. avec arm., publ. en 1772. H. 16 p., L. 21 p. 6 l.

Epr. avant la lettre; les noms d'Auteurs, la publ. et Vol. II, n.º 60 (Vol. et n.º du Recueil de Boydell), tracés à la pointe.

ESTAMPES DE DIFFÉRENS MAITRES.

69 Sujets d'histoire, Scènes familières et Portraits; p. gravées au burin, au pointillé, en manière de crayon, en manière noire, etc. Elles sont la plupart de *Bartolozzi, Clarke, Darcis, Demarteau, Drevet* père, *Desplaces, Foulquier, Flipart, Janinet, Le Bas, Montsaldi, Schenker, J.-R. Smith, Tomkins, Turner,* et *W. Ward*: 50 Est. sous verre, et quelques Pièces en feuilles. Cet article formera 12 lots.

CURIOSITÉS ET BIJOUX.

70 Deux Transparens, par Carmontel: ces Morceaux, coloriés et qui se roulent sur deux cylindres, offrent des paysages, l'un dit *Tableau de Jour,* l'autre dit *Tableau de Nuit :* ce dernier s'éclaire avec des lampes.

71 OEuf d'Oie: dans l'intérieur est représenté le Palais des Tuileries, vu du côté du Carrousel, Morc. en couleur; autour de la partie de l'œuf ouverte pour laisser voir le Sujet, l'inscription suivante :

Palais des Tuileries, Erfunder und Genalt von J.-D. Joppert in Dresden.

72 Saint Jean l'Evangéliste, d'apr. le Dominiquin, Sujet en demi-relief, avec bordure à ornemens; Morc. en fer coulé. н. 5 p. 3 l., L. 4 p. 6 l.

73 Deux Coupes, les culots à gaudrons, et les bords à feuilles; Morc. en bronze. н. 3 p. 2 l., diamètre 4 p. 1 l.

Curiosités et Bijoux.

74 Une Coupe, deux Flambeaux et un Bougeoir, petits Morc. en spath.

75 Six Plats, une Ecuelle et son Plateau, une Tasse et sa Soucoupe, et un grand Sucrier, le tout en porcelaine du Japon, à dessins de fleurs et branchages coloriés; plus, un Pot à lait et sa Jatte en porcelaine bleue et blanche; l'Ecuelle, la Tasse et le Pot à lait garnis en argent. 4 Lots.

76 Huit Écrans de la Chine, à Sujets de Figures, Plantes et Fleurs coloriées : à deux de ces Écrans, des pieds en bois d'acajou.

77 Vingt-un Oiseaux d'espèces différentes, perchés sur les branches d'un arbre d'aube-épine blanche : Morceau sous cage de verre bombé, posée sur socle en bois de citronnier.

78 Un Baromètre et un Thermomètre par LEREBOURS: ils sont montés sur bois d'acajou. H. 37 p., L. 5 p.

79 Une Boussole dans une boîte en buis; deux Règles, l'une en fer, l'autre en cuivre, et quelques Outils.

80 Une Montre à double cadran, et marquant l'état des temps, mouvement de LE PAUTE à Paris; la boîte en or.

81 Un Étui de Mathématiques, par CANIVET, à Paris; la boîte est en bois d'acajou.

82 Trois Boîtes noires, forme ronde, ornées de médaillons: Sujets de Silène, Bacchus enfant et une Bacchante; Combat d'Hercule, et Offrande à Priape : Morceaux peints en grisaille; deux sont de J.-J. DE GAULT. 2 Lots.

83 Cinq Boîtes noires, de forme ronde, avec gorge en or ; à chacune de ces boîtes un médaillon, Sujets de Jupiter et Io, Rhéa Sylvia, Vénus et Adonis, le

Curiosités et Bijoux.

buste de Henri IV, et le buste d'une Princesse : ces trois derniers Morceaux (imitations de Camées d'Agate onix) peints par M.ʳ Parant. 5 Lots.

84 Une Boîte noire, forme carré long, à charnière et gorge d'or; elle est ornée de deux Médaillons, avec Portraits, l'un d'homme, l'autre de femme.

85 Quatre Boîtes noires, forme ronde : à chaque boîte un Médaillon en mosaïque, Vues de Monumens, des Cascades de Tivoli, Paysage et Marines : ces Sujets ornés de figures. 4 Lots.

86 Deux Boîtes noires, forme ronde : l'une doublée d'or, l'autre à gorge d'or; elles sont ornées de Pierres factices de Douault. 2 Lots.

87 Trois Boîtes rondes, l'une en ivoire, à Sujets en demi-relief, les deux autres en écaille blonde : à l'une de ces dernières, un Camée en porcelaine.

88 Les Articles omis au Catalogue seront divisés sous ce numéro.

FIN.

www.ingramcontent.com/pod-product-compliance
Lightning Source LLC
Chambersburg PA
CBHW051533240526
45471CB00019B/1344